BEI GRIN MACHT SICH IHR WISSEN BEZAHLT

- Wir veröffentlichen Ihre Hausarbeit, Bachelor- und Masterarbeit

- Ihr eigenes eBook und Buch - weltweit in allen wichtigen Shops

- Verdienen Sie an jedem Verkauf

Jetzt bei www.GRIN.com hochladen und kostenlos publizieren

Bibliografische Information der Deutschen Nationalbibliothek:

Die Deutsche Bibliothek verzeichnet diese Publikation in der Deutschen Nationalbibliografie; detaillierte bibliografische Daten sind im Internet über http://dnb.d-nb.de/ abrufbar.

Dieses Werk sowie alle darin enthaltenen einzelnen Beiträge und Abbildungen sind urheberrechtlich geschützt. Jede Verwertung, die nicht ausdrücklich vom Urheberrechtsschutz zugelassen ist, bedarf der vorherigen Zustimmung des Verlages. Das gilt insbesondere für Vervielfältigungen, Bearbeitungen, Übersetzungen, Mikroverfilmungen, Auswertungen durch Datenbanken und für die Einspeicherung und Verarbeitung in elektronische Systeme. Alle Rechte, auch die des auszugsweisen Nachdrucks, der fotomechanischen Wiedergabe (einschließlich Mikrokopie) sowie der Auswertung durch Datenbanken oder ähnliche Einrichtungen, vorbehalten.

Impressum:

Copyright © 2016 GRIN Verlag
Druck und Bindung: Books on Demand GmbH, Norderstedt Germany
ISBN: 9783668374577

Dieses Buch bei GRIN:

https://www.grin.com/document/350017

Tim Kilian, Deniz Guel

Das Closest-Pairs Problem. Wer ist wem am nahesten?

GRIN Verlag

GRIN - Your knowledge has value

Der GRIN Verlag publiziert seit 1998 wissenschaftliche Arbeiten von Studenten, Hochschullehrern und anderen Akademikern als eBook und gedrucktes Buch. Die Verlagswebsite www.grin.com ist die ideale Plattform zur Veröffentlichung von Hausarbeiten, Abschlussarbeiten, wissenschaftlichen Aufsätzen, Dissertationen und Fachbüchern.

Besuchen Sie uns im Internet:

http://www.grin.com/

http://www.facebook.com/grincom

http://www.twitter.com/grin_com

Wer ist wem am nahesten?
- Find the closest pairs

Deniz Guel   Tim Kilian

64-129 PS Algorithmik,
Sommersemester 2016
Universität Hamburg

Inhaltsverzeichnis

1 Motivation	2
2 Grundlagen	2
2.1 Euklidischer Abstand	2
2.2 Engstes eindimensionales Punktpaar	2
2.3 Naiver Algorithmus	2
2.3.1 Implementierung	3
2.4 Eindimensionaler Divide and Conquer Algorithmus	3
2.4.1 Implementierung	4
3 Closest-Pairs Algorithmus	4
3.1 Divide and Conquer	4
3.1.1 Teile	4
3.1.2 Hersche	5
3.1.3 Kombiniere	5
3.2 Pseudocode	6
4 Beweis	7
4.1 Korrektheit	7
4.2 Laufzeit	7
5 Ausblick	8
5.1 Laufzeitverbesserung durch Randomisierung	8
6 Quellen	8

1 Motivation

Wenn eine Ebene mit $n \geq 2$ Punkten gegeben ist möchte man sicherlich nach dem am nahesten beieinander liegenden Punktpaar suchen. Es handelt sich dabei um das Closest-Pairs Problem aus der Geometrie, welches Anwendung in geographischen Informationssystemen, wie beispielsweise Verkehrsleitsystemen, sowie Computergrafik, Computer Vision und im Molekulardesign findet. Auch wenn es sich um eines der natürlichsten geographischen Probleme handelt, ist es schwierig einen effizienten Algorithmus zu finden. Auf den folgenden Seiten werden wir uns somit langsam an einen schnellen $O(n \log n)$ Algorithmus antasten und am Ende noch einen Ausblick für eine $O(n)$ Lösung geben.

2 Grundlagen

Im Folgenden betrachten wir eine Menge aus Punkten $P = \{p_1, ..., p_n\}$, wobei $p_i \in \mathbb{R} \times \mathbb{R}$ die kartesischen Koordinaten (x_i, y_i) besitzt und P mindestens aus 2 Punkten besteht ($|P| \geq 2$). Das Ziel ist es ein Punktpaar (p_i, p_j) mit $p_i, p_j \in P$ zu finden, wo der euklidischen Abstand zwischen den Punkten minimal ist.

2.1 Euklidischer Abstand

Die Länge zwischen zwei Punkten $p_1 = (x_1, y_1)$ und $p_2 = (x_2, y_2)$ heißt Euklidischer Abstand und wird durch $d(p_1, p_2)$ gekennzeichnet. Mit Hilfe des Pythagoras errechnet sich der Euklidische Abstand in einer zweidimensionalen Ebene dann wie folgt:[1]

$$d(p_1, p_2) = \sqrt{(x_1 - x_2)^2 + (y_1 - y_2)^2}.$$

2.2 Engstes eindimensionales Punktpaar

Gegeben seien die Punkte $p_i = (x_i, y)$ mit einer festen y-Koordinate, die sich in einem Eindimensionalen Raum befinden. Um das dichteste Punktpaar finden zu können, müssen die Punkte zunächst in $O(n \log n)$ sortiert werden. Ein Punkt im eindimensionalen Raum kann nur höchstens zwei Nachbarn haben, somit muss die sortierte Liste nun nur einmal durchgelaufen werden um die Distanz zwischen den benachbarten Punkten zu errechnen. Ein Punktpaar muss folglich die kleinste Distanz haben.

2.3 Naiver Algorithmus

Ein naiver Algorithmus kann das dichteste Punktpaar im zweidimensionalen Raum in $O(n^2)$ berechnen. Er betrachtet alle Distanzen zwischen allen Punktpaaren, die in dem Raum möglich sind und findet so den minimalsten Abstand. Um zu einem Ergebnis zu kommen benötigt er also $\frac{n \cdot (n-1)}{2} = \binom{n}{2}$ Vergleiche.

---

[1][Br16] Bronstein; Semendjajew; Musiol; Mühlig; 2016; S.198

2.3.1 Implementierung

Listing 1: Naive Brute-Force Methode (Pseudocode)
```
Closest-Pair(P)
    If |P| ≤ 1 Then Return ∞

    minDistance = d(p_1, p_2)
    minPair = (p_1, p_2)
    Foreach i ∈ [1, n-1]
        Foreach j ∈ [i+1, n]
            If d(p_i, p_j) < minDistance Then
                minDistance = d(p_i, p_j)
                minPair = (p_i, p_j)

    Return minDistance, minPair
```

2.4 Eindimensionaler Divide and Conquer Algorithmus

In höheren Dimensionen wird eine Teile und Hersche Methode verwendet. Um diese zu verstehen betrachter wir die Methode zunächst im Eindimensionalen. Gegeben seien wiederum Punkte $p_i = (x_i, y)$ mit einer fester y-Koordinate die sich in einem Eindimensionalen Raum befinden. Wir erinnern uns, um das dichteste Punktpaar zu finden, mussten die Punkte in einer sortierten Liste mit ihren Nachbarn verglichen werden. Dies verallgemeinert jedoch nicht das Finden dichtester Punktpaare in höhren Dimensionen[2]; da es in höheren Dimensionen keine direkten Nachbarn gibt. In höheren Dimensionen mussen wir das Problem zuerst in kleinere Teilprobleme aufteilen.

Teile: Wir nehmen uns die bereits Sortierte Liste S und teilen diese in der Mitte m, sodass zwei Hälften S_L und S_R, mit $S_L = \lceil \frac{|S|}{2} \rceil$ und $S_R = \lfloor \frac{|S|}{2} \rfloor$ Elementen, entsteht. Die dabei entstandenen Unterlisten teilen wir wiederum rekursiv in weitere Listen auf, bis nurnoch $n \leq 2$ Elemente in den Listen vorhanden sind.

Hersche: Nun haben wir S in S_L und S_R aufgeteilt und definieren $\delta_L = \infty$ wenn $|S_L| = 1$ oder $\delta_L = d(s_0, s_1)$ wenn $|S_L| = 2$. Analog definieren wir δ_R. Sei $\delta = \min(\delta_L, \delta_R)$.

Kombiniere: Nun kann es sein, dass der dichteste Abstand entweder durch die rekursiven Aufrufe entstandene δ ist, oder zwischen m in S_L und S_R liegt. Im eindimensionalen Raum ist ein Element l_i immer das am weitesten rechte Element und r_i immer das am weitesten linke Element, was für größere Dimensionen nicht gilt. Somit ist es leicht rekursiv das dichteste Punktpaar zu finden $\delta = \min(\delta, d(l_i, r_i))$

---

[2][Su15] Suri, Subhash; 2015

2.4.1 Implementierung

Listing 2: 1D Divide and Conquer (Pseudocode)

```
1   Closest-Pair(S)
2       If |S| = 1 Then Return  δ = ∞
3       If |S| = 2 Then Return  δ = d(s_0, s_1)
4
5       m = median(S)
6       Divide S into S_L, S_R at m
7       δ_L = Closest-Pair(S_L)
8       δ_R = Closest-Pair(S_R)
9       δ = min(δ_L, δ_R)
10
11      Return  δ = min(δ, d(l_i, r_i))
```

3 Closest-Pairs Algorithmus

3.1 Divide and Conquer

Der Closest Pair of Points Algorithmus folgt dem Teile-und-Herrsche Prinzip, indem das Problem rekursiv in kleinere Teilprobleme zerlegt wird, bis man diese mit geringem Aufwand lösen kann. Aus diesen Teillösungen wird dann eine Lösung für das Gesamtproblem rekonstruiert. Insgesamt soll der Aufwand zum Lösen eines solchen Problems $O(n \log n)$ sein.

3.1.1 Teile

Wir machen uns bewusst, dass vor dem rekursiven Aufruf mit P eine Menge von Punkten gegeben ist, dabei soll P mindestens zwei Punkte beinhalten. Zum besseren Verständnis des Algorithmus nehmen wir an, dass es keine zwei Punkte in P gibt, die die gleiche x- oder y-Koordinate haben. Folglich werden durch das Erstellen der Listen P_x und P_y alle Punkte aus P nach ihren x- und y-Koordinaten sortiert. Zu jedem Eintrag wird die Position der Punkte in beiden Listen gespeichert. Der erste rekursive Schritt (alle weiteren analog) sieht so aus, dass wir mit Q eine Menge von Punkten definieren, die aus den ersten $\lceil \frac{|S|}{2} \rceil$ Positionen der Liste P_x (die erste Hälfte) stammen und mit R eine Menge von Punkten definieren, die aus den letzten $\lfloor \frac{|S|}{2} \rfloor$ Positionen der Liste P_x (die zweite Hälfte) stammen. In einem einzigen Durchlauf durch die Listen P_x und P_y in $O(n)$ Zeit können wir die folgenden vier Listen erstellen: Q_x beinhaltet die Punkte aus Q, sortiert nach steigenden x-Koordinaten; Q_y beinhaltet die Punkte aus Q, sortiert nach steigenden y-Koordinaten; und analog gilt das für die Listen Rx und Ry mit R. Für jeden Eintrag wird wieder die Position der Punkte in beiden Listen gespeichert. Die Rekursion hört auf, wenn P^i (mit $P^i \in P$) drei Elemente oder weniger hat.

3.1.2 Hersche

Wenn die Rekursion aufhört und P^n drei Elemente oder weniger hat, werden alle Abstände zwischen diesen Punkten mit Hilfe des euklidischen Abstands berechnet. Der kleinste Abstand wird für das Kombinieren gespeichert.

3.1.3 Kombiniere

Von P aus betrachtet haben wir bisher jeweils nur den minimalen Abstand von zwei Punkten in Q mit $\delta_1 = d(q_0^*, q_1^*)$ und den minimalen Abstand von zwei Punkten in R mit $\delta_2 = d(r_0^*, r_1^*)$ berechnet. Weiterhin sei δ definiert als $\delta = min(\delta_1, \delta_2)$. Wir beschäftigen uns im Folgenden damit, herauszufinden, ob es einen Punkt $q \in Q$ und einen Punkt $r \in R$ gibt, für das gilt $d(q,r) < \delta$. Ist das nicht der Fall so ist mit δ der minimale Abstand von zwei Punkten in P gegeben, andernfalls müssen wir dieses $q \in Q$ und $r \in R$ herausfinden. Sei x^* die x-Koordinate des Punktes in Q, das den größten x-Wert hat (bzw. am weitesten rechts steht) und L sei die vertikale Linie, die mit der Gleichung $x = x^*$ beschrieben wird. Diese Linie L trennt Q von R. Dann gilt dieser Satz:

Satz (4.8 und 4.9). [3] *Wenn es ein $q \in Q$ und $r \in R$ gibt für dass $d(q,r) < \delta$ gilt, so liegt q und r jeweils in einer Menge $S := \{s \in P \mid s_x \in [L_x - \delta, L_x + \delta]\}$.*

Beweis: Angenommen es gibt ein $q = (q_x, q_y)$ und $r = (r_x, r_y)$ welches die Eigenschaft $d(q,r) < \delta$ erfüllt, so gibt es nach Definition ein x^* für das $q_x \leq x^* \leq r_x$ gilt. Aus dieser Ungleichung folgt:

$$x^* - q_x \leq r_x - q_x \leq d(q,r) < \delta$$

und

$$r_x - x^* \leq r_x - q_x \leq d(q,r) < \delta$$

wodurch jedes l und r eine x-Koordinate in δ von x^* hat und somit im Bereich $M \pm \delta$ liegen muss. $\square$

Beim Auffinden solcher q's und r's können wir uns dann auf die Punkte in P beschränken, die δ weit zur Linie L entfernt sind. Sei $S \subseteq P$ die Menge, die genau diese Punkte als Elemente hat und S_y die Liste, die diese Punkte nach aufsteigender y-Koordinate sortiert enthält. In einem Durchlauf durch P_y ist S_y in $O(n)$ Zeit konstruiert. An diesem Punkt ist anzumerken, dass S die ganze Menge P sein könnte. In diesem Fall würde uns 4.8 nichts bringen. Doch das ist tatsächlich nicht der Fall, wie uns der nächste Satz zeigen wird.

Satz (5.10). [3] *Wenn $q, r \in S$ die Eigenschaft $d(q,r) < \delta$ haben, dann sind q und r in den nächsten 15 Positionen in S_y von einander entfernt.*

---

[3][KT05] Kleinberg, Jon; Tardos, Éva; 2005; S.134ff

Beweis: Betrachten wir Z als Teilmenge von S, so dass die Punkte in Z ebenfalls maximal δ weit von der Linie L entfernt liegen. Wir partitionieren Z in Boxen: Quadrate mit $\frac{\delta}{2}$ vertikalen und $\frac{\delta}{2}$ horizontalen Seitenlängen. Eine Reihe in Z soll genau aus vier solcher Kästchen bestehen. Zwei sind jeweils links von L und die anderen zwei sind rechts von L. Angenommen zwei Punkte von S liegen in der selben Box. Da alle Punkte, die in dieser Box sind, auf derselben Seite von L liegen, gehören diese beiden Punkte zu Q oder zu R. Außerdem ist der Abstand zu diesen zwei Punkten kleiner gleich $\frac{\sqrt{2}\cdot\delta}{2}$. Es ist dann aber $\frac{\sqrt{2}\cdot\delta}{2} < \delta$, was ein Widerspruch ist, denn wir hatten angenommen, dass δ der kleinste Abstand zweier Punkte aus Q oder R ist. Folglich hat eine solche Box höchstens einen Punkt aus S. Angenommen es gibt die Punkte s, s' mit $d(s,s') < \delta$ und diese sind in der Liste S_y mindestens 16 Positionen voneinander entfernt. Sei OBdA s der Punkt mit der kleineren y-Koordinate. Da es in jeder Box höchstens einen Punkt geben kann, gibt es zwischen s und s' mindestens einen Abstand von drei Reihen. Für alle Punktepaare in Z, die mindestens einen Abstand von drei Reihen haben, gilt aber, dass der Abstand mindestens $\frac{3}{2}\delta$ sein muss. Das ist ein Widerspruch zu unserer Annahme, dass für s, s' $d(s,s') < \delta$ gelte und diese in der Liste S_y mindestens 16 Positionen voneinander entfernt sind. □

Es ist anzumerken, dass der Vergleich für einen Punkt in der Liste S_y mit seinen 15 Nachfolgern reduzierbar ist. Für unsere Zwecke ist mitzunehmen, dass dieser Wert eine Konstante ist.

In Betracht von Satz 4.10 können wir den Algorithmus wie folgt abschließen. Wir durchlaufen die Elemente von der Liste S_y und berechnen für jedes $s \in S$ den Abstand zu seinen 15 Nachfolgern. Satz 4.10 impliziert in diesem Fall, dass wir mindestens den Abstand von allen potenziellen Punktepaaren aus S berechnet haben, deren Abstand kleiner als δ. Anschließend können wir die kleinste Distanz zweier Punkte aus S mit δ vergleichen.

(i) Ist diese Distanz kleiner als δ, dann sind diese zwei Punkte aus S, die am nahesten zueinander liegenden Punkte in ganz P.

(ii) Ist größer als diese Distanz, dann sind die am nahesten zueinander liegenden Punkte bei unserem rekursiven Aufruf bestimmt worden. Damit haben können wir in P die am dichtesten zueinander liegenden Punkte bestimmt.

3.2 Pseudocode

Listing 3: Closest-Pairs Divide and Conquer (Pseudocode)

```
Closest-Pair(P)
    Construct P_x And P_y  (O(n log n) time)
    (minDistance, minPair) = Closest-Pair(P_x, P_y)
```

```
Closest-Pair(S_x, S_y)
    Where S_x is P(1) .. P(N) sorted by x coordinate, And
          S_y is P(1) .. P(N) sorted by y coordinate
    If N ≤ 3 Then
        Return Closest-Pair(S) using brute-force algorithm

    Construct Q_x, Q_y, R_x, R_y, L_x   (O(n) time)
    Q_x = points of S_x from 1 to ⌈|S|/2⌉
    R_x = points of S_x from ⌊|S|/2⌋ to N
    L_x = Q_x(⌈|S|/2⌉)
    Q_y = {p ∈ S_y : p_x ≤ L_x}
    R_y = {p ∈ S_y : p_x > L_x}

    (δ_Q, pairQ) = Closest-Pair(Q_x, Q_y)
    (δ_R, pairR) = Closest-Pair(R_x, R_y)

    (δ, minPair) = (δ_R, pairR)
    If δ_Q < δ_R Then (δ, minPair) = (δ_Q, pairQ)
    S_y = {p ∈ P_y : |L_x - p_x| < δ}   (O(n) time)

    Foreach i ∈ [1, |S_y|]   (O(n + k) time)
        s = S_y(i)
        k = i + 1
        While k ≤ i + 15 And k ≤ |S_y|
            s' = S_y(k)
            If d(s, s') < δ Then
                (δ, minPair) = (d(s, s'), (s, s'))
            k = k + 1
    Return (δ, minPair)
```

4 Beweis

4.1 Korrektheit

Satz (5.11). [3] *Der Algorithmus gibt das dichteste Punktpaar in P korrekt aus.*

Beweis: Zunächst stellen wir mithilfe einer Induktion sicher, dass P niemals rekursiv geteilt wird. Somit können wir sicherstellen, dass die kürzesten Punktepaare durch die Rekursion korrekt bestimmt werden. Mit Hilfe der Sätze (5.8) und (5.10) können wir korrekt feststellen, ob Q oder R beide Punkte enthält, oder ob das kürzeste Punktepaar aus einem Punkt von Q und einem Punkt aus R besteht. Folglich kann durch die Rekursion die kürzeste Distanz bestimmt werden. □

4.2 Laufzeit

Satz (5.12). [3] *Die Laufzeit des Algorithmus beträgt $O(n \log n)$*

Beweis: Die initiale Sortierung von P_x und P_y beträgt $O(n \log n)$. Man beachte nun, dass das Aufteilen von Q und R leicht in linearer Zeit vollständig ausgeführt werden kann. Die Hauptschwierigkeit ist nun sicherzustellen, dass die in den rekursiven Aufrufen übergebenen Felder Q_x, Q_y, R_x, R_y und das Feld S_y nach der richtigen Koordinate sortiert sind. Da bereits vorsortiert wurde, müssen nur sortierte Listen zerlegt oder zusammengefügt werden. Das Zusammenfügen von zweier Sortierter Listen kann dann mit Hilfe einer Merge Prozedur ähnlich wie beim "Merge-Sort" Verfahren erreicht werden.
$\Rightarrow$ Somit beträgt die Laufzeit $T(n) = O(n \log n) + O(n)$ □

5 Ausblick

5.1 Laufzeitverbesserung durch Randomisierung

Die naive Methode kann jedoch noch deutlich verbessert werden. Mit Hilfe assoziativer Datenfelder und einer randomisierten Methode kann das Problem in $O(n)$ Laufzeit plus $O(n)$ Wörterbuchoperation gelöst werden. Wir betrachten P in zufälliger Reihenfolge und setzen $\delta = d(p_1, p_2)$ als die kürzeste Distanz. Daraufhin betrachten wir einen weiteren Punkt p_i und schauen ob die Vorherigen Punkte dichter waren. Wenn die Distanz dichter ist, müssen wir das kürzeste Paar aktuallisieren. Die Herausforderung diese Methode in einen schnellen Algorithmus zu verwandeln, liegt darin wie man nach Punkten in der Nähe sucht.

6 Quellen

[Br16] I. Bronstein; K. A. Semendjajew; G. Musiol; H. Mühlig: Taschenbuch der Mathematik, 2016; S.198

[Co07] Th. H. Cormen; Ch. E. Leiserson; R. Rivest; C. Stein: Algorithmen - Eine Einführung. 2. Auflage, Oldenbourg, 2007. S.959ff

[KT05] J. Kleinberg, É. Tardos: Algorithm Design. Pearson, 2005. S.131ff

[RTTA] rosettacode.org: Closest-pair problem. `www.rosettacode.org/wiki/Closest-pair_problem`, Abruf am 13. Juni 2016

[Su15] S. Suri: Closest-pair problem. CS 235: Computational Geometry, Fall '15, 2015

BEI GRIN MACHT SICH IHR WISSEN BEZAHLT

- Wir veröffentlichen Ihre Hausarbeit, Bachelor- und Masterarbeit

- Ihr eigenes eBook und Buch - weltweit in allen wichtigen Shops

- Verdienen Sie an jedem Verkauf

Jetzt bei www.GRIN.com hochladen und kostenlos publizieren